PANÉGYRIQUE

DE TRÈS HAUT,
TRÈS GLORIEUX ET TRÈS EXCELLENT
PRINCE,

FERDINAND-PHILIPPE-LOUIS-CHARLES-HENRI-JOSEPH

D'ORLÉANS,
DUC D'ORLÉANS,

PRINCE ROYAL DES FRANÇAIS.

« Honorem apud seniores,
Gloriam et claritatem ad turbas
Juvenis habebo. »

PLINE.

————————⋙⋙⋙⋘⋘⋘————————

MESSIEURS,

Avoir su, dès sa première jeunesse, réunir et conserver les
sympathies d'une multitude aux affections si diverses et si va-
riables, et conquérir les suffrages des hommes les plus éclairés
dans les armes et dans les hautes régions de la politique et de
la magistrature; telle est la gloire de ce jeune Prince jusqu'ici
l'objet de notre admiration et de notre amour, aujourd'hui
le sujet de notre deuil et de nos larmes!..... Il meurt au moment où ses efforts généreux lui avaient acquis le droit de vivre
pour la France. Mais en brisant nos espérances les plus chères,
l'inflexible destin n'a pu détruire le souvenir de ses vertus,
gages assurés du bonheur des peuples; trésor que la fortune
ou la grandeur de la naissance ne peut procurer et qu'il lègue

1842

aux princes de son auguste maison comme leur plus précieux héritage.

Aussi, c'est de ses vertus, Messieurs, et non de son illustre naissance que je suis heureux d'avoir à vous entretenir aujourd'hui. Pénétré, comme je le suis de la grandeur de mon sujet, je laisse à d'autres la richesse et la pompe des paroles. Peindre, tel qu'il vous parut toujours, le Prince auguste que nous pleurons, c'est en faire l'éloge le plus grand et le plus vrai, parce que c'est vous mettre sous les yeux le fidèle tableau des qualités éminentes qui lui ont valu, dès le printemps de son âge, cette grande réputation et cette haute estime que l'on n'acquiert qu'avec les années.

En célébrant les vertus éclatantes et les actions glorieuses de ce jeune héros, ce n'est point un éloge de vanité que j'entreprends, qu'importent à son ombre auguste nos regrets et nos louanges? Quelques vérités utiles qui nous engagent à imiter ses vertus honoreront plus son illustre mémoire que les larmes dont nous pouvons arroser son Mausolée. Oui, voilà le seul hommage qui soit digne de lui! Le meilleur moyen de nous exciter à la pratique de la vertu est de nous offrir les exemples des personnes vertueuses; de présenter à nos regards leurs œuvres vivantes, pour ainsi-dire, et d'exciter en nous une généreuse émulation qui nous porte à les reproduire chacun dans la sphère où la providence nous a placés.

Moissonné à la fleur de son âge, ce Prince, cher à la France et dont les travaux et les pensées ne tendaient qu'à la rendre heureuse et florissante n'a pu, il est vrai, que former des vœux pour l'état; mais sa mémoire ne doit pas nous en être moins précieuse! Qu'avait fait pour Rome ce Germanicus dont le nom est encore aujourd'hui si célèbre? il remporta quelques victoires, il reçut les honneurs du triomphe; mais il ne fit rien pour le bonheur de Rome. Il fut vertueux : voilà sa gloire! Les Romains le pleurèrent; les ennemis de l'empire ne furent pas insensibles à sa mort, et la plume illustre de Tacite retraça ses vertus à la postérité. Trop inférieur à ce célèbre historien par les talents, j'aspire à l'égaler par l'amour des vertus. J'aurai du moins l'avantage de l'imiter en célébrant un Prince qui a passé sa vie à se rendre digne du Trône et qui n'eût d'autre désir que de travailler à la gloire et à la félicité de la France; oui, Messieurs, l'auguste et royal défunt qui fait l'objet de cet éloge, a mérité, dès sa jeunesse, l'estime des sages, HONOREM APUD SENIORES. Il a acquis la gloire et la célébrité des héros, GLORIAM ET CLARITATEM AD TURBAS. Ces deux traits qui caractérisent une jeunesse accomplie vont présenter en abrégé la vie politique et guerrière de TRÈS-HAUT, TRÈS-GLORIEUX et TRÈS-EXCELLENT PRINCE, FERDINAND-PHILIPPE-LOUIS-CHARLES-HENRI-JOSEPH D'ORLÉANS, DUC D'ORLÉANS, PRINCE ROYAL DES FRANÇAIS.

Je ne suis, Messieurs, que l'interprète des sentiments publics quand je dis que le PRINCE ROYAL mérita l'estime des sages dans un âge où c'est déjà beaucoup de mériter leur indulgence; estime légitimement acquise par une jeunesse ornée des vertus des âges les plus avancés, un tel mérite est d'autant plus digne de louanges qu'il est peu commun. La jeunesse qui fournit si peu à la gloire des hommes illustres, la jeunesse, cette précieuse et si estimable portion de la vie de ce Prince, se présente à nous dans son lustre et dans son éclat, et nous permet de publier avec confiance ce qu'il a été, sans nous réduire à la stérile ressource de conjecturer ce qu'il promettait et de présager ce qu'il serait un jour.

Portons d'abord nos regards sur les premiers rayons de cet astre naissant, voyons le jeune Duc de Chartres, dès l'entrée de sa carrière littéraire, consacrer les prémices de son génie à ouvrir son intelligence à l'instruction et à plier son humeur avec docilité. Fut-il difficile de lui faire comprendre l'importance de cultiver de bonne heure son esprit par des études utiles, et de former son cœur à la vertu par une exacte vigilance. De rapides progrès firent assez connaître et couronnèrent bientôt l'application qu'il apporta à ces devoirs importants. Ecole célèbre par le concours d'une noble et brillante jeunesse que vous faites profession d'élever dans les sciences et dans la pratique des vertus sociales; oublierez-vous jamais que ce gage précieux de tendresse et de prédilection fut confié à vos soins, et qu'il fut toujours l'admiration de ses précepteurs? Avec quelle confiance le proposâtes-vous pour modèle à ses jeunes émules jaloux de lui disputer la palme, tout en applaudissant avec l'élan du cœur aux succès qu'une persévérance éclairée lui avait si bien mérités.

J'avoue que le principe de ces merveilleux progrès était dans sa jeune intelligence, qu'une conception prompte, une mémoire heureuse, un esprit juste, un cœur droit, dons précieux de la nature, aplanirent pour lui les sentiers de la science et de la vertu. Je conviens encore que l'éducation la plus avantageuse et la mieux concertée seconda admirablement ses talents et ses dispositions naturels. Cependant la nature lui réserva la gloire de se former lui-même, et dès qu'il se connut, il recommença son éducation. Il se livra d'abord aux charmes de la littérature si touchante pour ceux qui la cultivent. Il cultivait les Muses avec succès, et prêtait l'oreille à la tendre harmonie des Poètes. L'orateur de Rome portait dans son âme la douce impression de son éloquence, l'étude des langues et tous les arts vinrent former son goût. Les arts, enfants de la civilisation, un Prince peut-il les négliger? Chargé de les protéger, il doit les connaître; lui surtout peut encourager le génie et lui donner tout son essor. Mais cette connaissance si féconde dans ses heureux résultats ne forme cependant pour le Prince qu'une éducation de sentiment et de goût.

Il en est une autre pour lui plus importante, puisque d'elle dépendent le bonheur et la gloire des états. Je veux dire, cette éducation par laquelle un Prince est initié au grand art de régner. Comme il est un moment dans la nature où la raison se forme, où l'intelligence s'étend, où l'homme qui jusqu'alors n'avait vécu que pour lui-même, vit dans ses semblables et s'agrandit par ses rapports; il est un moment pareil où le jeune Prince destiné à régner un jour, commence à naître aux devoirs futurs de la royauté et voit pour la première fois les rapports qui lient sa destinée au sort de tant de millions d'hommes.

Le Prince Royal avait assez de lumières pour sentir que l'étude du gouvernement a besoin d'un esprit vigoureux et profond, accoutumé à réfléchir et à commander à ses idées. Il vit qu'il fallait d'abord travailler son esprit et former l'instrument avant de commencer l'ouvrage; il se jeta dans l'étude des livres philosophiques. C'est là qu'il apprit cet art sublime, qu'on a réduit en règles, de lier ensemble ses idées, et de passer de l'une à l'autre en les enchaînant par leurs rapports. Ces secours ne lui suffisaient point, il s'appliqua à l'étude des philosophes les plus célèbres; le père et le créateur de la philosophie moderne lui fournit sa méthode et son doute. Il rechercha avec Descartes les erreurs de l'imagination et des sens, et s'assura du caractère de la vérité. Il suivit pas à pas dans Locke la marche et le développement de l'esprit humain. Ces ouvrages précieux faisaient les délices de ce Prince et l'objet de ses méditations.

Quand il eût essayé son intelligence et développé en lui cette portion de l'esprit philosophique qui suit la chaîne des idées, il se livra tout entier à l'étude qui devait l'occuper le reste de sa vie. D'abord il se forma pour lui-même un plan raisonné du gouvernement. Un Prince, né pour le trône, doit se former un mérite composé de toutes les sortes de mérites. Un Roi a toutes les espèces de devoirs à remplir; il a besoin de tous les genres de talents et de vertus, unis, rapprochés, confondus dans un assemblage si parfait que la Majesté n'ôte point la confiance, que l'affabilité ne diminue point le respect, que l'autorité ne gêne point la liberté, que la bonté n'affaiblisse point la vigueur du commandement. C'est ce que le Prince Royal avait admirablement compris, fidèle au plan qu'il s'était tracé, il descendait de ces idées nobles et sublimes aux lois spéciales de la France, il ne voulait point que s'il était un jour appelé au trône il put se reprocher de n'avoir pas fait aux hommes tout le bien dont il eût été capable. Il savait que l'agriculture, le commerce et les finances sont trois grands ressorts dans les états modernes, comme la vertu et l'amour de la solide gloire dans les constitutions anciennes, et il avait résolu de s'instruire sur tous les points de l'économie politique.

Le Prince étudiait le commerce en homme d'état : l'agriculture qui en est la source et la base, l'industrie qui l'étend en appropriant les productions aux besoins des peuples, la liberté qui en est l'âme et qui par la confiance l'attire des extrémités de l'univers, le crédit public qui l'affermit en multipliant les richesses réelles par des richesses fictives, le change qui le facilite en fixant la proportion entre les valeurs relatives des signes. Tous ces objets avaient été tour à tour le sujet de ses méditations et de ses recherches.

O peuples, c'était vous qui étiez l'objet de ses travaux, c'était de votre bonheur qu'il s'occupait, de son cabinet silencieux, où si souvent il médita dans la solitude, il parcourait par la pensée vos campagnes et vos villes. La douce image de la félicité publique venait errer devant ses yeux et le soutenait la nuit au milieu de ses veilles. O toi, dont la brillante existence était si précieuse pour la patrie, Prince auguste et chéri ! tu n'as travaillé que pour la gloire future de la France, mais le citoyen sensible n'honorera pas moins ta cendre illustre de ses larmes. Ton cœur magnanime a entendu la voix sacrée de l'humanité ; tu as connu tes devoirs précieux ; tu les as remplis avec honneur ; tu as donné au soin pénible de te former au grand art de régner tes plus belles années ; tu as cherché tous les moyens de rendre un jour ta patrie glorieuse et florissante ; et c'est à nous à verser des larmes de regrets sur tes cendres chères et augustes. Il est des princes dont l'éloge est fini quand on a célébré leurs talents ; le Prince à qui nous offrons cet hommage joignit à des connaissances profondes le mérite plus rare d'être vertueux, c'est un exemple de plus pour ceux qui sont destinés à régner, c'est un encouragement précieux pour la jeunesse dans des temps où la vertu peut-être est devenue plus rare. Ah ! si dans le dernier rang même elle mérite les éloges et le respect, ne l'honorerons-nous point placée si près du Trône ? Que l'exemple fameux de ce Prince, le plus parfait modèle que l'on puisse offrir aux princes de la terre, est une intéressante leçon pour eux ! Venez l'étudier, ô vous qui êtes assis sur les degrés des trônes, il vous apprendra qu'il n'est pas impossible d'allier la gloire de l'héroïsme avec la sagesse et la vertu. Avec tant d'éminentes, tant d'aimables qualités qui eût pu lui refuser son admiration ? n'allait-il pas conquérir tous

les cœurs? conquête la plus illustre pour la grandeur à qui la
naissance et la fortune semblent tout donner. C'est par l'heureux
assemblage de tant d'excellentes vertus, gage précieux de son
immortalité glorieuse, qu'il mérita l'estime des sages et la célébrité des héros.

Ce célèbre orateur de l'antiquité dont le nom rappelle à l'esprit toutes les grâces et toutes les richesses de l'éloquence,
voulant nous donner l'idée d'un héros accompli, se contente
de lui attribuer la valeur dans le péril, la prudence dans la
conduite et le bonheur dans l'évènement; mais cette idée est
imparfaite. Un héros guerrier doit être à la vérité sage et cou-
rageux, mais faire dépendre l'héroïsme du succès, quoi de plus
injuste? Le héros pour qui ce grand modèle des orateurs avait
établi cette définition, Pompée ne finit-il pas par être malheu-
reux? Ne trouva-t-il pas un vainqueur plus heureux? Ne vit-on
pas ses lauriers flétris et sa valeur trahie dans la circonstance de
sa vie la plus décisive et la plus importante? D'ailleurs, réduire
les qualités d'un héros à la prudence et à la valeur, c'est oublier
qu'il doit être encore équitable dans ses entreprises; modéré
dans la victoire et ferme dans la disgrâce.

Qu'est-ce donc que le véritable héroïsme? une avidité de
gloire mal entendue, un emportement de courage, une in-
discrétion de valeur, un succès même d'occasion, un heureux
hasard peuvent entraîner les suffrages du vulgaire; mais l'at-
tention, la prévoyance, le coup-d'œil juste, le sang froid dans
l'action, l'étendue des lumières et des connaissances, la sagesse
dans les entreprises les plus hardies, l'intrépidité dans les
périls les plus imminents, la modération dans les succès les plus
inespérés, l'habileté à savoir prendre ses avantages et à profiter
même de ses défaites; en un mot, le grand art de mouvoir,
de discipliner des hommes différents d'âge, d'humeur, d'intérêts,
de gagner leur estime, leur confiance, de leur inspirer ses
propres sentiments, de leur faire préférer l'honneur et la gloire
aux dangers et à la mort; voilà l'ensemble des vertus sublimes
qui font les héros et ce qui nous donne une idée juste et com-
plète du véritable héroïsme, de cet héroïsme guidé par la justice,

animé par la valeur, éclairé par la prudence, retenu par la modération, inébranlable par la constance; d'un héroïsme enfin formé par cet heureux assemblage des qualités naturelles et des vertus guerrières qui ne laissent rien à désirer.

Qualités rares et précieuses dont on admirait les prémices dans les généreuses dispositions de Philippe-Louis, DUC D'ORLÉANS, et il suffit de l'avoir connu pour n'être plus étonné, malgré la fleur de sa jeunesse, de trouver en lui le héros. Si le temps lui a manqué pour jouir de cette célébrité glorieuse, il a assez vécu pour l'acquérir. Il entra dans la carrière brillante de la gloire sous les auspices et sous les ordres d'un général que l'autorité du commandement rendit son premier chef, que les vertus militaires rendirent son premier modèle.

Par une subite invasion dans une province voisine et dégarnie de troupes, l'ennemi s'était flatté d'opérer une diversion capable d'arrêter le cours de nos victoires. Déjà il avait franchi les bouches de l'Escaut, cette barrière naturelle qui le séparait de l'état voisin, la Belgique, le séjour de la paix, devient soudain le théâtre de la guerre. Cette province épouvantée réclame un prompt secours, elle demande à la France une armée et surtout un général. M. le Maréchal Gérard est honoré de la confiance et des ordres du Roi: le Prince Royal est chargé de l'accompagner et de combattre sous les auspices de l'illustre Capitaine.

L'armée s'avance, la citadelle d'Anvers est assiégée et reprise, les ennemis sont déconcertés; ils repassent l'Escaut à la faveur des ravins, à l'abri des montagnes. Si le Prince Royal trouva de grandes leçons à ce siége mémorable, il y donna de grands exemples de valeur et d'intrépidité. Dans un âge où tout doit étonner, il voit les obstacles et les dangers avec un courage que rien n'étonne; le bruit formidable de ces foudres qui portent au loin le ravage n'ébranle pas un seul instant dans une première campagne la fermeté de son cœur, heureux présages d'une intrépidité héroïque qu'il a si bien justifiés. Ce furent même des preuves éclatantes d'une grandeur d'âme qui l'annonçait par des talents supérieurs et qui se développait chaque jour par les plus belles actions. Quel prodige de valeur ne fit-il pas paraître à ce siége imposant? **Des rochers escarpés et des redoutes formidables** défendent l'approche d'Anvers et ne permettent aucune des précautions que l'art a coutume d'employer pour mettre à couvert les assiégeants. **Les artilleurs, malgré les** flots d'une pluie abondante qui ne cesse de tomber, malgré les difficultés de creuser des tranchées dans des terres molles et marécageuses, poursuivent leurs ouvrages avec une intrépidité incomparable. Le Prince visite la tranchée, il n'oppose à tout le feu des assiégés que le bouclier de son courage; il n'a d'autre crainte que celle de ne pouvoir à son gré signaler sa valeur.

Debout et immobile sur un tertre que la bombe sillonne, il donne des ordres. En vain les artilleurs lui crient : retirez-vous, mon Prince, en ce lieu vos jours sont en danger. Il leur répond d'un air calme et majestueux : *N'importe, soldats, ma vie ne m'est pas plus précieuse que la vôtre.* A peine les plus fortes représentations de l'illustre Maréchal peuvent lui faire changer de résolution. Cependant cette forteresse paraît inexpugnable, investie et resserrée de toutes parts; elle se soutient encore par l'habileté de son gouverneur. Qu'importe? plus les obstacles se montrent nombreux et puissants, plus le triomphe aura de gloire et d'éclat.

Amour de la gloire, don divin, c'est à toi seul qu'il appartient d'allumer dans les âmes nobles et sublimes le feu qui forme les héros, défenseurs de la patrie dans ses périls et sa ressource dans ses disgrâces. Non, jamais tu n'as cessé d'enflammer les cœurs français de cette noble rivalité qui, mère des grandes actions, produit l'héroïsme et sauve les états.

Telle fut la campagne par laquelle préluda ce Prince dans la carrière de la gloire. La conduite des troupes françaises a répondu à ce qu'on avait espéré du courage inné dans l'âme de nos guerriers, de l'ardeur généreuse et de l'excellente discipline qui sont les traits distinctifs de l'héroïsme. Leur enthousiasme, leur gaîté que n'altéraient ni les dangers, ni les fatigues de travaux que d'abondantes pluies avaient rendues très-pénibles ont fait l'admiration de tous ceux qui en ont été les témoins; et l'on doit reconnaître que le triomphe de nos armes sous les murs d'Anvers fait un égal honneur à la science et à la valeur de nos légions.

Je ne sais, Messieurs, si je dois m'attacher ici à rehausser le noble éclat d'une valeur héréditaire; si cette qualité glorieuse nous surprend dans des âmes vulgaires, elle ne doit pas nous étonner dans nos Princes. Le ciel qui les fait naître pour commander à une nation hardie et intrépide, se plait à verser dans leur âme ces nobles sentiments de hardiesse et d'intrépidité dont ils viennent encore de donner les preuves les plus éclatantes. Vous ne serez donc point surpris, Messieurs, de voir dans le Prince Royal et cette valeur de sang-froid qui laisse à l'esprit toute la liberté du commandement, et cette valeur ardente et active qui affronte le péril et va le chercher. C'est surtout en Algérie qu'il fit éclater ce courage héroïque ; on le vit sortir le premier du vaisseau pour attaquer les Arabes, les étonner par sa hardiesse, les repousser par sa force, et porter à la fois, par le feu de ses regards et la vivacité de ses mouvements, la terreur dans le cœur de nos ennemis et l'espérance du triomphe dans le cœur de nos soldats. Sa valeur était vive, sans être téméraire, aussi habile qu'éclairé dans l'art de combattre; il avait au souverain degré cet esprit de prudence et de conseil qui règle les desseins et fixe la victoire.

Cependant une étincelle en Algérie rallume les brandons de la discorde, le flambeau de la guerre éclate. La jalousie suscite à la France un ennemi à qui nos prospérités font ombrage, tandis qu'il affecte de prolonger des négociations pacifiques il décèle par des voies de fait l'injustice et la témérité de ses vastes projets. Notre pavillon est insulté, notre commerce interrompu, le droit des gens indignement violé : voilà sans aucune déclaration de guerre par où prélude une nation qui veut posséder seule l'empire des mers. Abd-el-Kader, habile à saisir ses avantages, aussi prompt à réparer ses pertes, qu'à profiter de celles des autres, feignant de prévenir les desseins qu'on n'a pas, ne fait que trop connaître ses véritables intentions; il entre sur le territoire d'Alger avec une armée et menace de l'envahir.

Le Roi des Français, dans sa profonde sagesse, observe d'un œil attentif les démarches de nos ennemis. Sensible aux cris de l'humanité, il voudrait épargner l'effusion du sang, il essaye d'éteindre les premiers feux de la discorde, il emploie de sages négociations : on cherche à tromper sa prudence, il propose des voies de conciliation, on élude ses offres. Ce Monarque se voit encore obligé de reprendre des armes victorieuses que la modération lui avait fait quitter et qu'il tenait suspendues. D'un côté, il a à punir les violences, les attentats, les pirateries des arabes audacieux; il a d'autre part à protéger de pacifiques colons, à maintenir d'anciens traités dont il est garant, la dignité de sa couronne et les intérêts de la patrie dirigent toutes ses opérations. Il concerte ses projets, il donne ses ordres, nos armées se rassemblent, nos flottes couvrent les mers, et tandis que deux forteresses redoutables, Constantine en Afrique et Saint-Jean-d'Ulloa en Amérique, succombent sous les premiers efforts de nos troupes, commandées par deux fils du Roi, qui, par leur valeur, acquièrent tant de gloire à nos armées triomphantes; tout accélère en Algérie la rapidité de nos conquêtes.

Vous n'attendez pas de moi, Messieurs, que je vous rappelle tous les évènements qui changèrent la face de nos affaires sur le Schélif, ni que je vous fasse remarquer les causes des vicissitudes que nos armes y éprouvèrent. L'intempérie des saisons, le défaut des subsistances, le progrès des maladies occasionnèrent du relâchement dans la discipline, rallentirent l'ardeur de nos troupes, enhardirent nos ennemis, et nous mirent dans la nécessité de nous replier et d'abandonner nos conquêtes. Notre armée réparée se disposa bientôt à reprendre le cours de ses victoires.

Le Prince Royal est envoyé en Algérie; un ennemi qui n'est pas accoutumé à craindre et contre lequel l'habileté de son Général demandait qu'on se précautionnât davantage, avait rompu la foi de ses engagements et violé la loi qu'on lui avait imposée. Bientôt il se montre avec une audace nouvelle qu'Abd-el-Kader a su lui inspirer. Les rives de la Seybouse et de l'Ouad-Hachem sont couvertes de ses armes; il approche, il présente la bataille à nos légions. Les attaques se renouvellent, se diversifient, se multiplient. Le Maréchal Valé et le Prince Royal à la tête de leurs généreux escadrons soutiennent les efforts d'une armée entière; ils s'avancent, ils portent partout l'épouvante, ils enfoncent, ils renversent, ils mettent en fuite l'ennemi, qui n'évite une défaite totale qu'à la faveur d'un bois d'oliviers; là, il se rallie, et, reparaissant avec de nouveaux renforts, il essaye d'accabler par la multitude une poignée de combattants abandonnés à eux-mêmes et soutenus par leur seul courage. Ce fut dans cette mémorable circonstance que Mgr le Duc d'Aumale fit l'essai de ses premières armes et qu'il acquit tant de gloire à sa phalange par ses prodiges de bravoure.

Les victoires multipliées que remportèrent nos jeunes guerriers ayant porté la terreur dans le cœur de nos ennemis, à l'approche de nos troupes, les tribus soumises des Hadjoutes et des Kabyles vinrent implorer la clémence des vainqueurs. Abd-el-Kader repoussé jusqu'aux pieds de l'Atlas nous vit marcher en conquérants, et rassembla ses derniers efforts à Mouzaïa.

Vous savez, Messieurs, quel fut l'heureux succès de la bataille de Mouzaïa, si prudemment concertée et si habilement préparée par la haute intelligence dont la sagesse illustra notre armée. Une redoute meurtrière rendait l'ennemi comme inaccessible, un détachement sous la conduite du Prince Royal entreprit de forcer ce poste avantageux; il l'attaque, il gravit des rochers escarpés qui en défendent l'accès, il s'en empare, il en chasse l'ennemi, et une nombreuse artillerie devient le prix du vainqueur. Tout retentit de cette action d'éclat et des applaudissements qu'on lui donne.

Je ne vous fatiguerai point, Messieurs, par le récit de la vie militaire de ce Prince dont la valeur a brillé avec tant de gloire dans les campagnes mémorables qu'il fit en Algérie. Je ne vous le représenterai point dans les batailles, dans les siéges, dans les combats, ferme et intrépide, actif et vigilant, sage et éclairé, offrant à ses guerriers l'exemple de combattre avec succès et faciliter aux capitaines les moyens de vaincre. Je ne le suivrai point à l'éclat de sa gloire sur les bords de la Seybouse, de l'Ouad-Hachem, du Schélif, du Mazafran, dans les plaines d'Oran, dans les Portes-de-Fer, fameux passage entre deux montagnes escarpées et flanquées de rochers qui rappellent l'antique et célèbre passage des Thermopyles, ni dans les plaines boisées qui environnent la montagne superbe de l'Atlas; on le vit partout où l'appelait l'espérance d'un laurier à cueillir ou d'un service à rendre. Je ne vous le montrerai point s'attirant les regards, l'estime, la confiance des capitaines les plus expérimentés qui ne se lassaient point d'admirer sa valeur et de lire dans les essais de ses talents militaires les prémices d'une gloire dont l'éclat semblait devoir illustrer nos armes victorieuses. O vous, qui courez avec une si noble ardeur dans la carrière de la gloire, âmes guerrières et intrépides, c'est à vous de célébrer sa valeur? Qui fut plus digne de vous commander? En qui avez-vous trouvé le commandement plus honnête et plus doux? C'est sous lui que se sont formés plusieurs capitaines expérimentés que ses exemples ont élevés aux premiers honneurs de la guerre. C'était lui qui vous menait dans les hasards. Il ne paraissait craindre le péril que pour les soldats qu'il avait sous ses ordres, ils n'en essuyaient aucun qu'il ne partageât avec eux, ou plutôt ils n'en connaissaient plus aucun avec lui. Ces braves ne craignaient eux-mêmes que pour leur chef dont ils eussent voulu conserver la vie aux dépens de la leur.

Tel fut, Messieurs, l'ascendant que le PRINCE ROYAL avait acquis sur les esprits et sur les cœurs dans les divers corps qu'il a commandés; son intérêt particulier qu'il oubliait ou qu'il sacrifiait si généreusement devenait l'intérêt général; on le vit toujours appliqué à ses devoirs, toujours occupé du bien du service, maintenant la discipline parmi les troupes qui lui étaient confiées, gagnant leur amitié par ses sentiments, leur estime par ses procédés, et sachant par sa vigilance et son autorité les contenir dans l'ordre et la subordination. Tout jeune qu'il était, on trouvait en lui une dignité qui fait respecter un chef et une bonté qui fait aimer un égal. Couvrant du voile de l'amitié les démarches d'une protection généreuse, il retranchait des bons offices qu'il savait rendre tout ce qui pouvait les rendre pénibles à celui qui les sollicitait.

Egalement chéri des grands et des petits, il avait tellement confondu le soldat avec le général, qu'en même temps qu'auguste surveillant il animait le travail de ses guerriers, il soulageait leurs fatigues en les partageant avec eux. L'officier put-il murmurer des peines qu'il essuyait, voyant ce Prince se prêter de bonne grâce à des assujettissements dont il eût pu se dispenser? Quelle émulation à tous les devoirs ne devait pas inspirer la présence d'un jeune Général si exact, si attentif, si zélé, n'exigeant que ce qu'il s'imposait à lui-même, prenant sur ses plaisirs, sur son repos, sur sa santé un temps précieux pour assembler, pour visiter, pour instruire, pour former de nouvelles légions. Aussi les vieux guerriers le révéraient comme un père, les jeunes le chérissaient comme un ami, officiers et soldats, tous l'admiraient et avec quelle noble ardeur, avec quelle confiance le suivaient-ils dans les combats? Commandant avec prudence, obéissant avec soumission, donnant partout des marques éclatantes d'une valeur intrépide, il marchait à grands pas sur les traces des capitaines les plus expérimentés. Heureux ceux qui le servaient, il n'en connaissait point le zèle et la fidélité sur le rapport d'autrui, mais par lui-même et par ce qu'il leur avait vu faire. Il voulait que l'avenir de chacun dépendît de son travail, et que toute dignité ou toute récompense appartînt au mérite, qu'on s'habituât enfin à aimer l'ordre et à respecter les lois, gage précieux de la gloire et de la félicité d'un empire.

Cependant le flambeau de la guerre se rallume, une étincelle en Syrie fait éclater l'embrasement en Europe. On s'agite, une puissance formidable s'allie à l'Angleterre, le nord s'ébranle, le midi répond à ces grands mouvements; tout s'arme, et tandis que les ravages de la guerre s'étendent vers les extrémités de l'Asie et de l'Afrique, l'Europe devient le centre d'un mouvement terrible. Les évènements se succèdent, la France effectue un armement prodigieux et se dispose à lutter contre les puissances. Parmi ces secousses générales, le génie du Prince Royal est agité; il brûle d'être utile à son pays, il voudrait, à la tête des armées de la France, balancer encore la fortune et rehausser l'éclat de sa brillante renommée. Il sollicite au pied du Trône l'honneur de commander. « Jusqu'à présent, dit-il, je n'ai presque rien fait pour la gloire, je veux apprendre du moins à défendre la patrie. » Car, quoiqu'il sentît vivement combien la guerre est un fléau terrible, il voyait que tel est cet équilibre si vanté dans les monarchies de l'Europe, que parmi les chocs continuels de l'ambition, la guerre y est presque inévitable, qu'un Prince a besoin de la connaître pour ne la pas craindre, et que pour n'être point attaqué, il faut pouvoir combattre. Telles étaient les maximes de ce Prince illustre qui avait joint la sagesse à la valeur et allié les grâces de l'esprit à la dignité du commandement. Il vécut dans les honneurs, mais il ne les envisagea que comme des devoirs à remplir et des comptes à rendre. Il acquit de la gloire; mais cette gloire solide qui peut s'allier avec les règles de la sagesse; cette gloire qui charme les grands cœurs et ne les éblouit pas, qui les élève et ne les exalte pas; cette gloire sublime qui ne se fraye d'autres routes que celles de l'honneur et de la vertu; cette gloire excellente qui n'inspire d'autres sentiments que ceux qui portent à soutenir d'héroïques épreuves et à oser les grandes actions, et c'est l'amour de cette gloire éclatante qu'il avait su inspirer à nos légions tant sur le champ d'honneur que dans les camps de Saint-Omer et de Lunéville, où on le vit honorer la dignité de soldat par toute l'affabilité d'un général et charmer l'officier par ces grâces nobles dont le cœur d'un guerrier sent si bien le prix.

O transports! ô tendresse! on admirait en lui la douce égalité, la familiarité touchante et ce charme secret qui va si bien chercher les cœurs. Tous étaient à lui, officiers et soldats, étrangers et citoyens, et les grands et le peuple; tout était enchanté par sa présence auguste, chacun le comblait d'éloges, et ces plaines de Lunéville, ces bosquets qu'il voyait, hélas! pour la dernière fois ne retentissaient que d'acclamations et de chants militaires.

Vous rappellerai-je, Messieurs, ce jour fortuné où Plombières, après avoir si vivement désiré et attendu son arrivée, eût enfin le bonheur de le recevoir; il n'y eût personne que son âge, ou sa santé put empêcher de courir au milieu des acclamations et des chants d'allégresse, à un spectacle si magnifique. Les enfants s'empressaient de le connaître, les jeunes

gens de le montrer, les vieillards de l'admirer, les malades
même sans égards pour les ordres de leurs médecins se trai-
naient sur son passage. Les places où l'on ne pouvait se
tenir qu'à demi-suspendu étaient toutes occupées, la foule
dont les rues étaient pleines lui laissaient à peine un sentier
étroit pour passer à travers le peuple rangé en haie, et partout
éclataient pareilles joies, pareilles acclamations. Ce Prince ai-
mable s'est fait connaître aux habitants de ces contrées sous
des rapports si beaux, si doux et si touchants que jamais le
souvenir de ses royales bontés et de ses manières ingénues, ne
s'effacera de leurs cœurs. Partout les témoignages de respect
et d'attachement lui furent adressés et il les reçut avec sa grâce
et son affabilité si connues. Chacun admirait la noblesse et la
confiance intime du fils aîné du Roi, qui voyageait sans pompe,
sans éclat et qui s'abandonnait avec joie à l'affection, au dé-
vouement d'un peuple touché de ses éminentes qualités.

Vous me prévenez, Messieurs, par les larmes et les louanges
que vous donnez à sa mémoire........ Tant de qualités aimables
devaient donc être enlevées à la patrie!....... Tant de belles
espérances se sont évanouies au moment où, dirigé par des
maximes si pleines de sagesse, il faisait entrevoir aux Français
charmés un règne de gloire et de félicité. Il n'est plus! ce
Prince juste, doux, clément, généreux et magnifique, qui
aimait sincèrement l'état et l'humanité et qui était doué de ces
qualités excellentes, de ces vertus sublimes qui font les grands
Rois et les grands héros. O vous, qui le suivîtes au champ
d'honneur, couronné des palmes immortelles de la victoire, « en
quelque degré de sa confiance qu'il vous ait reçus, environnez
son auguste mausolée, et admirant en lui une aménité si agréable
et un commerce si doux, conservez le souvenir précieux d'un
Prince dont la bonté égalait la valeur et dont la mémoire im-
mortelle occupera une place éminente dans nos annales et dans
la gloire (*). »

(*) Bossuet.

www.ingramcontent.com/pod-product-compliance
Ingram Content Group UK Ltd.
Pitfield, Milton Keynes, MK11 3LW, UK
UKHW021055120726
13693UKWH00006B/2635